ÉCONOMIE SOCIALE.

CONSIDÉRATIONS

SUR

L'USAGE ET L'ABUS DE L'EAU-DE-VIE

ET DES AUTRES LIQUEURS FORTES;

Par M. J. GIRARDIN,

Doyen et Professeur de Chimie de la Faculté des Sciences de Lille,
Correspondant de l'Institut, Membre Associé de l'Académie Impériale de Médecine, etc.

LILLE,
IMPRIMERIE L. DANEL.
1864.

ÉCONOMIE SOCIALE.

CONSIDÉRATIONS

SUR

L'USAGE ET L'ABUS DE L'EAU-DE-VIE

ET DES AUTRES LIQUEURS FORTES;

Par M. J. GIRARDIN,

Doyen et Professeur de Chimie de la Faculté des Sciences de Lille,
Correspondant de l'Institut, Membre Associé de l'Académie Impériale de Médecine, etc.

LILLE,
IMPRIMERIE L DANEL.
1864.

ÉCONOMIE SOCIALE.

CONSIDÉRATIONS

SUR

L'USAGE ET L'ABUS DE L'EAU-DE-VIE

ET DES AUTRES LIQUEURS FORTES; *

Par M. J. GIRARDIN.

> Rien n'est plus difficile que d'extirper les erreurs qui sont basées sur les intérêts personnels des uns et l'ignorance des autres.

Nos centres industriels sont soumis à deux fléaux qui concourent, plus encore que les maux physiques auxquels nous ne pouvons échapper, à la dégénérescence de l'espèce et à l'infériorité morale des individus.

Ces deux fléaux, dont l'intensité s'accroît d'une manière effrayante, favorisés qu'ils sont par l'insouciance de ceux qui ont mission de veiller à l'hygiène et à l'éducation publiques, propagés même dans des intérêts purement fiscaux, ces deux fléaux sont : l'IVROGNERIE et l'USAGE IMMODÉRÉ DU TABAC.

Il y a bien longtemps que des voix plus autorisées que la mienne ont poussé le cri d'alarme à cet égard. Les orateurs, les philosophes, les moralistes, les médecins, les aliénistes se

---

* Extrait des Mémoires de la Société Impériale des Sciences, de l'Agriculture et des Arts de Lille. Année 1864.

sont efforcés, par des considérations de différents ordres, de démontrer les périls que court la Société en n'opposant aucune digue à ces torrents envahisseurs.

Rien n'y fait! Le mal grandit chaque jour, et l'on se demande avec émoi ce que deviendront, dans un avenir prochain, nos populations ouvrières abandonnées à leurs instincts irréfléchis.

L'Eau-de-vie et le Tabac ont été et sont pour beaucoup dans l'état de gêne et de misère qui pèse si lourdement sur la majeure partie de nos ouvriers de fabrique, sur le petit peuple de nos grandes cités, sur nos travailleurs de la campagne

Pour satisfaire des besoins factices, le prolétaire sacrifie ses intérêts les plus chers, fait bon marché de sa santé, oublie ses devoirs de famille, et arrive insensiblement à se mettre en rebellion ouverte contre sa conscience et la loi !

Dans les quelques pages que je veux consacrer à l'examen d'une question qui me paraît la plus grave parmi toutes celles qu'agitent les économistes, je ne m'occuperai que des liquides spiritueux, remettant à un autre moment l'exposé des dangers qu'entraîne l'usage abusif du tabac.

I.

> Instruire sans améliorer, c'est brûler sans éclairer.

C'est une circonstance bien remarquable que ce goût de tous les peuples pour les liqueurs fortes, dont l'invention et l'usage apparaissent peu de temps après la réunion des hommes en Sociétés. Les historiens sacrés et profanes placent dans les époques les plus reculées l'art de faire le vin, et ils s'accordent à regarder Noé comme le premier qui en ait fabriqué dans l'Illyrie, Saturne dans la Crète, Bacchus dans l'Inde, Osiris en Egypte, le roi Géryon en Espagne.

La découverte de la bière suivit de fort près celle du vin, puisque cette boisson était en usage chez les anciens Egyptiens, en Grèce, dans une partie de l'Italie, chez les Ibères, les Germains et les Gaulois. Les Celtes et les Scandinaves buvaient une liqueur composée avec l'orge et le froment fermentés.

Les Hébreux ont connu le cidre et l'ont donné aux autres nations de l'antiquité.

Les Chinois, de tout temps, ont fait fermenter le riz, les Tartares le lait de leurs juments, les peuplades de l'intérieur de l'Afrique un mélange de blé, de miel, de poivre et de tiges de plantes, les indigènes de l'Amérique et des Indes la sève de plusieurs végétaux sucrés.

Lorsque les Araucaniens n'avaient aucun rapport commercial avec leurs voisins, le maïs leur fournissait une boisson fermentée nommée *Chica* ou *Chicha de maïs*. C'est encore ce qui a lieu aujourd'hui, surtout dans les parties éloignées des frontières. Après la récolte de ce grain, les femmes d'une famille, d'une tribu, se réunissent, et, assemblées en cercle, chacune prend une pincée de grains, les mâche un certain temps, puis crache le tout dans un vase de terre. Quand il y en a une quantité suffisante, on l'abandonne à la fermentation spontanée ; il en résulte une liqueur forte avec laquelle les hommes s'enivrent, et qui fait leurs délices.

Il est extrêmement curieux de retrouver chez les naturels de la Polynésie l'habitude de s'enivrer avec une boisson qui, par sa nature et son mode singulier de préparation, rappelle presque entièrement le *Chica de maïs* des Américains. Cette boisson est le *Kawa*, qui a pour ingrédient la racine d'un poivrier, l'*Ava* ou *Piper methysticum*. Là, encore, les femmes réunies en cercle mâchent cette racine pour l'imbiber de salive et laissent ensuite fermenter cette espèce de pulpe dans de grandes calebasses.

Ce fait de la connaissance d'une boisson fermentée spéciale chez les nations les moins civilisées, n'est pas aussi étrange qu'il peut le paraître au premier abord. Partout, en effet, la nature prévoyante a placé des fruits ou autres produits végétaux plus ou moins sucrés, susceptibles d'éprouver la fermentation spiritueuse ; et, d'un autre côté, la conversion des matières sucrées en liqueurs alcooliques est facile et rapide ; en sorte que le hasard a dû montrer de bonne heure aux hommes les moyens de préparer les diverses boissons artificielles, qui, peu à peu, sont devenues pour eux d'une impérieuse nécessité.

Le tableau suivant met en évidence la variété de ces boissons fermentées en usage chez les diverses nations du globe.

Noms des boissons.	Matières qui les fournissent.	Pays où on les fabrique.
Vin.	Raisins écrasés et fermentés . .	Europe, Asie, Amérique.
Usuph	Raisins fermentés avec de l'eau .	Tartarie.
Chicha	Raisins écrasés et non fermentés	Chili.
Tedj	Raisins sauvages et miel, avec substance amère	Abyssinie.
Vin de cerises .	Suc de cerises, fermenté . . .	Espagne. Provence.
Cherry-rhum. .	Suc de cerises sauvages additionné de rhum.	Pensylvanie.
Vin de groseilles rouges. . . .	Suc de groseilles rouges, fermenté	Angleterre.
Vin de groseilles à maquereau .	Suc de groseilles à maquereau, fermenté	Idem
Vin de sureau .	Suc de baies de sureau, fermenté	Idem.
Vin de mûres .	Suc de baies de mûres, fermenté	Turkestan.
Vin de pêches .	Suc de pêches, fermenté . . .	Idem.
Vin d'orange. .	Suc d'orange, fermenté	Angleterre.
Vin de fruits. .	Fruits sucrés de toutes sortes . .	Cantons montagneux de la Suisse.

Noms des boissons.	Matières qui les fournissent.	Pays où on les fabrique.
Vin de palme	Dattes fermentées avec de l'eau.	Anatolie.
Todi	Noix de coco	Hindoustan.
Toc	Jus fermenté de la banane et de la canne à sucre	Madagascar.
Mazzato	Fruits de l'yucca ou du bananier	Indiens Conibus (Bas-Pérou).
Coumou	Fruits de palmiers avec sucre et cannelle	Indiens libres de la Guyane franç^{se}.
Cidre	Jus de pommes, fermenté	Europe, Amérique.
Kooi	Id Id	Brésil.
Poiré	Jus de poires, fermenté	Europe, Amérique.
Cormé	Cormes et sorbes fermentées avec de l'eau	Bretagne, Provence, Allemagne.
Théca	Suc des fruits du *Cornus chilensis* de Molina	Chili.
Bière	Orge germée, fermentée avec addition de houblon	Europe, Amérique.
Spruce	Orge germée, fermentée avec sommités de sapin	Nouv^{lle}-Angleterre.
Kwas ou Kislychtchy	Seigle germé et herbes aromatiques	Russie.
Pombie	Graines de millet	Afrique.
Seksonn	Millet broyé et fermenté avec de l'eau	Turkestan.
Buza	Millet et miel	Russie.
Maize	Orge et miel, avec racine amère nommée *Taddo*	Nubie, Abyssinie.
Bouza	Blé de Guinée, miel, poivre du Chili et tige d'une plante inconnue	Nubie et autres contrées africaines.
Kao-Lyang	Graines de sorgho, fermentées	Chine.
Chica	Gousses d'Algaroba et tiges amères du *Schinus molle*, mâchées et fermentées avec de l'eau	Sauvages de l'Amérique méridionale.
Chong	Riz, froment, orge et *cacalie*	Thibet.
Manduring	Riz bouilli et fermenté	Chine.

Noms des boissons.	Matières qui les fournissent.	Pays où on les fabrique.
Sacki ou sakki.	Riz bouilli et fermenté	Japon.
Fan-Tsou ou Sam-Tchou . .	Riz bouilli et fermenté avec de la levure	Chine.
Brum	Riz fermenté	Sumatra.
Tuwak	Id.	Bornéo.
Guaruzo. . . .	Riz cuit et fermenté	Cordillières.
Chica de Maïs .	Maïs mâché et mis à fermenter.	Araucanie.
Chicha	Maïs écrasé et fermenté	Cordillières.
Chicha de aloja	Maïs et pois fermentés	Chili.
Chicha de Mançana	Maïs avec pommes broyées. . .	Chili.
Masato.	Maïs cuit et fermenté avec addition de sucre	Cordillières.
Bulbul . . . . Gœurres . . . Baganich . . .	Graines de Dokhn (espèce de millet) germées, bouillies pendant une nuit et mises à fermenter. — La première de ces liqueurs contient beaucoup d'alcool ; les deux autres n'ont subi qu'un commencement de fermentation	Kordofan (Nubie supérieure.)
Mérissa ou Meriça . . . . Onbilbil. . . .	Espèce de bière trouble, plus ou moins épaisse, confectionnée avec le *Doura* (sorgho) ou le Dokhn (espèce de millet). . .	Afrique centrale, Soudan, pays des Mâdi.
Vin de bouleau.	Sève de bouleau fermentée . . .	Norwège, Pologne.
Vin de sycomore	Sève du sycomore	Angleterre.
Vin de Palme .	Sève du dattier et d'autres palmiers	Tropiques, Afrique centrale.
Lagbi	Sève du dattier	Régence de Tripoli.
Pulque ou vin de Maguey . .	Sève de l'*Agave americana*. . .	Mexique, Pérou.
Sinday	Sève de palmiers	Hindoustan.
Tary	Sève de palmiers et d'autres arbres	Idem.
Toddy	Id. Id.	Golconde (Indes orientales).
Cha.	Id. Id.	Chine.
Millafo.	Id. Id.	Congo.
Vin de coco . .	Sève du cocotier.	Philippines.

Noms des boissons.	Matières qui les fournissent.	Pays où on les fabrique.
Calou.....	Sève du cocotier.......	Côte de Coromandel
Sagouar.....	Sève du sagouier, fermentée avec herbes amères.......	Moluques.
Bourdon.....	Sève du *Sagus vinifera* de Persoon...........	Guinée.
Vin de Banane.	Sève du bananier......	Cayenne, Antilles, Afrique centrale.
Toddi.....	Sève du cacaoyer.......	Amérique méridionale.
Guarapo dulce	Suc de la canne à sucre, liquide sucré...........	Id.
Guarapo fuerte	Suc de la canne à sucre, fermenté et très-alcoolique......	Antilles.
Cachaça....	Id. Id.	Brésil.
Ouki.....	Id. Id.	Pays d'Oukamband, région maritime de l'Afrique australe.
Grappe....	Suc de canne écumé et jus de citron...........	Nègres des Antilles
Ouicou.....	Canne à sucre, cassave, patates et bananes........	Indiens de l'Oyapock (Guyane française) et Archipel des Antilles.
Payaouarou..	Id. Id.	
Paya.....	Id. Id.	
Pivori.....	Pain de cassave mâché et fermenté avec de l'eau.....	Indiens libres de la Guyane franç^{se}.
Bousa.....	Mie de pain, fermentée avec de l'eau...........	Nubie, Abyssinie.
Bousa.....	Racine du souchet comestible (*cyperus esculentus*)....	Iakoba et autres pays de l'Afrique centrale.
Chiacoar...	Pain de maïs, fermenté avec de l'eau...........	Indiens libres de la Guyane franç^{se}.
Maby.....	Patates, sirop de sucre et oranges aigres..........	Archipel des Antilles.
Cachiry....	Manioc râpé et patates douces.	Indiens de l'Oyapock.
Mobby et Jetici	Pommes de terre fermentées...	Virginie
Kawa ou Cava	Racine du *Piper methysticum*, mâchée et fermentée.....	Iles de la Polynésie.

Noms des boissons.	Matières qui les fournissent.	Pays où on les fabrique
Tii	Fruits et racine sucrée du *Dracœna terminalis*.	Iles de la Société.
Y-wer-a.	Racine de terroot, cuite, pilée et fermentée	Sandwichs.
Hydromel	Miel fermenté avec de l'eau	Nord de l'Europe.
Leppitz - Malinietzk	Id. Id.	Wilna et autres provinces russes.
Mjod	Sorte d'hydromel très-estimée.	Péninsule scandinave.
Micée	Hydromel obtenu par le lavage des rayons après l'écoulement du miel, avec addition d'eau-de-vie	Ardennes.
Koumys.	Lait de jument fermenté	Tartarie, Russie asiatique.
Airen.	Lait de vache, fermenté.	Idem.
Kanyangtsyen.	Chair d'agneau, fermentée, avec riz et autres végétaux	Idem.

C'est probablement aux Arabes que l'on doit l'art funeste d'extraire l'eau-de-vie du vin et des autres boissons fermentées. Cette pratique paraît fort ancienne, puisque Marcus Græcus et Rhazès qui vivaient au VIIIe siècle, parlent de l'eau-de-vie sous le nom d'*eau ardente* et indiquent déjà l'eau-de-vie de grains. C'est donc à tort qu'on attribue à Arnauld de Villeneuve, le plus savant médecin-chimiste du XIIIe siècle, la découverte de *l'esprit-de-vin* et des *teintures alcooliques*. Tout cela était connu avant lui; il ne fit que propager l'usage de l'eau-de-vie en médecine.

Ce que Raymond-Lulle et ses successeurs appelaient *quinta essentia*, d'où dérive notre mot *quintessence*, et dont ils faisaient la base de leurs travaux alchimiques, n'est autre chose que de l'esprit rectifié ou distillé plusieurs fois au moyen de la chaleur du fumier

Il serait trop long d'énumérer les maladies contre lesquelles l'eau-de-vie était alors préconisée comme remède souverain. C'était comme une panacée universelle, qui avait la vertu de rajeunir les vieillards et de prolonger la vie ; de là son nom *aqua vitæ*.

Au commencement du XVe siècle, cette liqueur n'était encore qu'un médicament, et on ne la trouvait que dans l'officine des apothicaires. On l'employait, du reste de toutes les manières, aussi bien à l'extérieur qu'à l'intérieur.

« L'eau-de-vie vault à toutes masnières des douleurs qui peu-
» vent venir par froidure et par trop grande abondance de
» fluide » dit un chroniqueur de cette époque.

Les médecins les plus accrédités attribuant à un produit rare et presque inconnu dans sa préparation des propriétés admirables, chacun dut vouloir les apprécier et en profiter. Il n'est donc pas surprenant que l'usage en devint promptement général, qu'on en fit même abus, et que, lorsqu'on cessa de croire à l'efficacité du remède merveilleux, il passa à l'état de boisson d'agrément.

C'est vers la fin du XVe siècle que ceci arriva, surtout dans le nord de l'Europe. On en distribuait alors aux ouvriers employés aux mines, en Hongrie, et bientôt ce breuvage fut adopté en Bohême, en Pologne, en Poméranie, en Russie et jusqu'en Sibérie.

En 1581, les Anglais s'en servirent comme d'une sorte de cordial pour leurs soldats, qui faisaient la guerre dans les Pays-Bas, et, dès cette dernière époque, non-seulement l'usage, mais l'abus même de cette liqueur était devenu tel en Allemagne, qu'une ligue s'y était déjà formée contre elle, dans la vue de prévenir les funestes résultats dont elle menaçait toutes les classes de la société, sans excepter la plus élevée. Ce fut même parmi cette dernière que la coalition se forma, sous le titre de *l'Ordre de la Tempérance*, afin que l'exemple, partant de plus haut, pût produire plus d'effet sur les masses.

Cette ligue, provoquée au XV⁰ siècle par Maurice, landgrave de Hesse, compta bientôt parmi ses membres plusieurs princes et seigneurs, et les curieux statuts qui en ont été conservés nous apprennent comment on entendait la sobriété il y a quatre siècles

Chaque associé s'engageait à ne plus s'enivrer ; en conséquence, il promettait de ne pas boire plus de sept verres de vin, d'une mesure déterminée, par chaque repas, et il n'était autorisé à en prendre que deux *solides* pendant vingt-quatre heures, ce qui ne faisait pas moins de quatorze verres de vin pour la journée, indépendamment de la bière et autres boissons analogues, dont il pouvait user, mais avec modération.

Quant à l'eau-de-vie, l'usage en était expressément prohibé, et le membre de l'Ordre qui se trouvait avoir violé la règle sur ce point capital devait, en réparation, pour chaque verre d'eau-de-vie, retrancher deux verres de vin de sa pitance quotidienne.

Cette Société subsista longtemps ; mais la succession des années, et probablement aussi l'inutilité de ses efforts, durent amener sa dissolution.

Les *Sociétés de tempérance* ou *de sobriété* créées dans l'Amérique septentrionale, vers 1827, par le magistrat Cranch, et si rapidement adoptées en Irlande, en Prusse, en Hanovre et dans la péninsule Scandinave, ne sont donc qu'une imitation tardive de la ligue allemande du XV⁰ siècle dont il vient d'être question.

A cette époque, dans les pays du Nord, où l'eau-de-vie de vin était chère, on se mit à en extraire des graines céréales fermentées, et cette fabrication, avant l'année 1618, était une branche d'industrie importante dans le district de Magdebourg, surtout dans la ville de Wernigerolde (Hartz), appartenant alors au domaine des Comtes de Stollberg.

En France, c'est en 1514 que Louis XII, ayant réuni en

communauté les vinaigriers, leur accorda la permission de pratiquer la distillation de l'eau-de-vie et de l'esprit-de-vin. Vingt ans après, on divisa cette communauté en plusieurs, et l'on en fit une particulière des *distillateurs*.

Cela indique bien que l'eau-de-vie n'était plus, en France, un simple remède, et qu'elle était devenue enfin une boisson usuelle. Dans les principaux carrefours et places publiques de Paris, il s'établit des regrattiers qu'on nomma *placiers*, et dont la profession fut de vendre en détail et à petites mesures l'eau-de-vie et des fruits confits dans cette liqueur. Ils furent confirmés dans leur état par un arrêt du Parlement du 20 janvier 1678; mais les limonadiers ayant réclamé, un autre arrêt, rendu six mois plus tard, défendit aux placiers de mêler du sucre ou autres ingrédients dans les noix et cerises confites qu'ils débitaient. L'ordonnance des Aides de 1680 les désigne sous le nom de *porte-cols*, parce qu'ils portaient la liqueur dans de petits tonneaux suspendus à leur cou en bandouillère. On voit que les vivandières de nos régiments descendent en ligne directe des *porte-cols* du XVIIe siècle.

Jamais peut-être genre de commerce ne s'accrut aussi rapidement que celui des placiers, surtout à partir de 1664, époque marquée par une invasion d'ouvriers étrangers attirés par Colbert. C'est avec leur concours que ce célèbre ministre fonda à Lyon, à Tours, à Louviers, à Sedan, à Amiens, à Abbeville, et notamment à Paris, ces manufactures modèles dont beaucoup subsistent encore, et qui, au grand étonnement de l'Europe, surpassèrent, dès leur premier essor, celles des Pays-Bas, de l'Allemagne et de l'Italie.

Ces ouvriers étrangers, venus des villes Anséatiques, de la Hollande, de l'Angleterre, de Pise, de Gênes et de Venise, tous pays où l'eau-de-vie était depuis longtemps connue comme boisson usuelle, en propagèrent promptement l'usage dans les populations industrielles avec lesquelles ils se trouvèrent en contact.

En vain le droit d'entrée sur l'eau-de-vie fut-il porté tout-à-coup de 25 sous à 15 livres par l'ordonnance de 1680 ; en vain les médecins élevèrent-ils généreusement la voix pour décrier la boisson nouvellement à la mode et la signaler comme funeste à la santé ; en vain même des règlements de police parurent-ils la prohiber ; en vain, enfin, le gouvernement, cherchant à entraver cette branche d'industrie, rendit-il, en 1686, un Édit qui soumit les eaux-de-vie à des droits d'entrée vraiment excessifs, dans le but, textuellement avoué, *d'empêcher la grande consommation qui s'en faisait dans le royaume ;* en dépit de cette prohibition, malgré toutes ces entraves, le commerce de ce liquide alla toujours croissant, l'usage des liqueurs fortes prévalut, et tout ce que le gouvernement put faire, en 1713, fut d'interdire la fabrication de toute espèce d'eau-de-vie qui ne proviendrait pas du vin proprement dit ; car déjà on distillait en grand le cidre, le poiré, les grains fermentés, le marc de raisin, la mélasse et jusqu'aux lies.

Cette interdiction fut impuissante néanmoins, et d'ailleurs elle fut frappée de mort, comme tant d'autres mesures prohibitives, par la révolution de 1789. Dès lors rien ne s'opposa plus à l'extraction de l'eau-de-vie de toute espèce de boisson fermentée, et lorsqu'en 1815, on découvrit les moyens de changer la pomme de terre en sucre, on ne tarda pas à fabriquer une énorme quantité d'eau-de-vie avec les sirops de fécule, à un prix plus bas qu'avec le vin. De 100 litres de sirop de fécule, on retirait 15 litres d'eau-de-vie à 50° centés., d'une manière si simple et si prompte que, même dans un petit emplacement, on put en obtenir d'assez grandes masses.

L'élévation continue du prix des alcools, qui de 60 francs l'hectolitre étaient parvenus, en 1854, au cours exorbitant de 220 francs et plus, par suite des maladies qui sévirent à partir de 1845, et qui sévissent encore, sur les vignes et les pommes de terre, porta quelques savants à rechercher les moyens d'extraire économiquement les principes alcooliques que peuvent fournir certains végétaux sucrés ou féculents, puisque par une suite de transformations chimiques, fort simples du reste, de la fécule en sucre et du sucre en alcool, on fait naître aisément un liquide spiritueux.

Les essais tentés dans cette voie n'ont pas plutôt présenté quelques chances de succès, que l'industrie s'est emparée des faits constatés par la science, et partout se sont élevées des usines où l'alcool a été produit dans des proportions jusqu'alors inconnues.

On a donc exploité, en Algérie, les dattes, les figues douces, les figues de Barbarie, la racine d'asphodèle ;

A la Guyane Française, les mangues ;

A l'Ile-de-la-Réunion, la racine de manioc, les fruits de bibasse et de jamrosa ;

En Esclavonie, les prunes ;

En Bohême, les prunes, le maïs et les mélasses ;

En Prusse, le seigle, le froment, le maïs, le sarrazin, les châtaignes, la pomme de terre ;

Dans le Jura, l'Alsace et la Suisse, la racine de gentiane ;

En Alsace, la racine de garance, ou plutôt les eaux de lavage provenant de la fabrication de la *fleur de garance ;*

Dans l'Hérault, les mûres blanches ;

Dans l'Aisne et ailleurs, les tubercules du topinambour ;

Dans le Var et la Marne, le sorgho à sucre ;

Dans les départements du Nord, la betterave, le riz, le dari ou graine de millet, les raisins secs, les mélasses de betteraves, etc.

On a même essayé de tirer parti de la saccharification du bois par les acides pour se procurer des moûts fermentescibles !

Des différentes matières végétales essayées jusqu'ici, la betterave est celle qui a offert, en France, les résultats les plus avantageux, et tout le monde sait que, depuis quinze ans, de nombreuses usines fonctionnent avec activité. L'alcool qu'elles produisent a sans doute un goût détestable, mais grâce à un mode de rectification, imaginé par M. Dubrunfaut, on le débarrasse aujourd'hui presque complètement des principes huileux qui le rendaient *imbuvable*.

Il n'est pas sans intérêt de connaître les noms que, suivant les pays et la nature des boissons fermentées, on donne aux produits spiritueux de la distillation. Voici, au moins, les principaux :

Noms des esprits.	Liqueurs fermentées qui les fournissent.	Pays où on les fabrique.
Esprit de vin faible ou eau-de-vie....	Vin............	France, Europe méridionale.
Esprit ou eau-de-vie de fécule ou de pommes de terre...	Fécule ou pulpe de pommes de terre, ou glucose.....	France, Europe septentrionale.
Esprit ou eau-de-vie de betterave	Jus ou pulpe, ou mélasse de betterave.........	Idem.
Esprit ou eau-de-vie de riz...	Riz saccharifié et fermenté...	Idem.
Esprit ou eau-de-vie de grains.	Bière ou graines céréales fermentées.........	Idem.
Genièvre ou gin.	Bière ou graines céréales avec baies de genièvre.....	Idem.
Squidam...	Eau-de-vie de grains......	Hollande.
Goldwasser..	Bière ou graines céréales avec autres aromates.......	Dantzick.
Whisky....	Orge, seigle, pommes de terre, prunelles sauvages.....	Ecosse, Irlande.
Kirschenwasser et par abréviation *Kirsch*.	Cerises sauvages ou merises écrasées et fermentées avec leurs noyaux........	Suisse, Allemagne, Vosges, Meurthe, etc.
Maraschino..	Id. Id........	Zara (Dalmatie).

Noms des esprits.	Liqueurs fermentées qui les fournissent.	Pays où on les fabrique.
Zwetschkenwasser	Variété de prunes, nommées *Couètche*	Allemagne, Hongrie, Pologne, Suisse, Alsace, Vosges.
Raki	Prunes de toutes espèces. . . .	Hongrie.
Holerca	Eau-de-vie de fruits et d'orge. .	Transylvanie.
Sekis - Kaya - vodka. . . .	Lie de vin avec fruits	Scio.
Slivovitza . . .	Prunes mûres fermentées . . .	Autriche, Bosnie.
Rakia	Marc de raisin et aromates . . .	Dalmatie.
Troster	Marc de raisin et graminées . .	Bords du Rhin.
Araka, arza, arki et ariki .	Lait de jument fermenté . . .	Tartarie, Kalmouks.
Bland . . .	Petit-lait fermenté	Iles Orcades et Shetland.
Tafia	Moût de la canne à sucre. . . .	Antilles.
Rack ou arach .	Moût de la canne à sucre, avec écorce aromatique.	Hindoustan.
Rhum ou Rum .	Mélasse et écumes de sirop de canne	Antilles.
Bessabesse. . .	Rhum de basse qualité, fabriqué avec d'impures mélasses . . .	Madagascar.
Rum.	Sève fermentée de l'érable à sucre	Amérique du Nord.
Agua-ardiente .	Sève fermentée de l'agave américain	Mexique.
Cachaça . . .	Mélasse de canne	Brésil.
Rack	Sève du cacaoyer	Amérique du Nord.
Araki et Rack .	Sève de palmiers	Egypte.
Arrack	Sève fermentée avec écorce d'acacia	Indes
Arrack-Mehwab	Sève fermentée avec addition de fleurs	Id.
Arrack-Tuba. .	Id. Id.	Philippines.
Arak	Eau-de-vie d'orge et de millet . Eau-de-vie d'orge et de fruits (mûres, pêches, etc) . . . . Eau-de-vie de raisins secs . . . Eau-de-vie de dattes.	Turkestan. Perse. Schiras (Perse).
Mahuar . . .	Bananes, autres fruits et petite graine inconnue	Mozambique (Afrique orientale).

Noms des esprits.	Liqueurs fermentées qui les fournissent.	Pays où on les fabrique.
Statkaiatrava	Herbe sucrée inconnue	Kamtschatka.
Watky . . .	Eau-de-vie de riz	Id.
Lau, Samshu, Kneip . . .	Id. Id.	Siam, Chine, Japon.
Saki ou sakki .	Eau-de-vie de riz tiède	Japon.
Ruenou	Eau-de-vie de riz, liqueur âpre et corrosive	Cochinchine.
Kao-Lyang . .	Eau-de-vie de Sorgho	Chine
Show-choo . . .	Riz bouilli et fermenté ou lie du Mandurin	Id.

Tous ces liquides spiritueux, tels qu'on les obtient du premier jet, et même après une rectification convenable à l'aide des appareils perfectionnés de nos distilleries modernes, portent avec eux le cachet de leur origine.

Ainsi *le kirschenwasser, le maraschino, le zwetschkenwasser, le raki, le slivovitza, l'eau de noyaux* doivent leur arome particulier à de petites quantités d'*acide prussique* ou *cyanhydrique*;

Les eaux-de-vie de grains, de bière, *le wishy, le goldwasser, le squidam* sont infectés par une huile particulière, nauséabonde, analogue à *l'huile essentielle du vin* ou *éther œnanthique*;

Les eaux-de-vie de pommes de terre, de betteraves, de mélasse de betteraves renferment une huile spéciale, âcre, d'odeur repoussante, qui est un véritable alcool, qu'on appelle *amylol* ou *alcool amylique*;

Les eaux-de-vie de marc de raisin contiennent, outre l'éther œnanthique et l'alcool amylique, une autre huile, *l'alcool propylique*, pourvue d'une odeur enivrante de fruits, et parfois un troisième alcool nauséabond, *l'alcool caproylique*;

Les eaux-de-vie de cidre paraissent devoir leur arome et leur propriété enivrante à une huile essentielle identique à celle des amandes amères; on y trouve aussi de petites quantités d'acide benzoïque;

Le *gin* ou *genièvre* doit sa saveur âcre et brûlante, son arrière-goût strangulant, à l'huile essentielle des baies de genièvre qu'on ajoute à l'eau de vie de grains pour masquer l'odeur peu agréable de l'éther œnanthique.

Pour le *rhum*, le goût spécial, si cher aux gourmets, est communiqué par de la rapure de cuir sur laquelle on laisse macérer l'esprit presque inodore qu'on retire, aux Colonies, des mélasses et écumes de sirop de canne après leur fermentation.

Il est incontestable que tous ces principes huileux à odeur forte, qui sont étrangers à l'alcool proprement dit, et qui se produisent le plus habituellement pendant la fermentation des moûts, communiquent au liquide qui les renferme des propriétés plus ou moins malfaisantes, ainsi que je le dirai bientôt.

II.

> « L'alcool est devenu dans nos mains une arme formidable, car les nations du nouveau-monde ont été presque autant domptées et détruites par l'eau-de-vie que par les armes à feu. »
> BRILLAT SAVARIN. — *Physiologie du goût*.

L'une des causes primordiales de l'abus des liqueurs fortes, c'est le préjugé funeste que ces boissons soutiennent et même raniment les forces abattues par le travail. Qu'il me soit permis de combattre une erreur devenue trop générale.

S'il est vrai que l'*alcool*, bu à l'état d'*eau-de-vie* ou de *liqueurs*, ait pour effet ordinaire d'accélérer la circulation du sang, et, par conséquent, d'accroître *momentanément* les forces ;

Si, à la rigueur, on peut considérer l'espèce de surexcitation qu'il produit comme la source d'une sorte de plaisir ;

Il importe de comprendre que l'énergie qu'il réveille ainsi *pour quelques instants* était une énergie endormie, que la nature tenait comme en réserve et qui ne devait être mise en action que dans des cas extraordinaires; une énergie, d'après cela, dont on ne peut provoquer le développement inopportun sans abréger la vie !

L'*eau-de vie*, le *rhum*, le *genièvre*, le *squidam*, etc., sont des stimulants, sans doute ; mais ce sont des stimulants *incendiaires*, qui troublent les fonctions régulières des organes, sans leur apporter aucune addition de force réelle; aussi les organes finissent bientôt par tomber dans une sorte de fatigue et d'épuisement.

Dieu a voulu que tous les organes de notre corps pussent accomplir la quantité de travail que comporte leur état régulier, quand cet état est entretenu par des aliments et des boissons convenables.

Mais si, d'un côté, l'on retire à ces organes une partie de ce qui est propre à les nourrir, à les fortifier, tandis que, de l'autre, on les charge de substances inassimilables et qui les forcent à un surcroît d'action, il est évident qu'il en résulte une vieillesse anticipée et une mort prématurée.

Or, il est aujourd'hui parfaitement reconnu que *l'alcool* ne peut contribuer, en aucune manière, à la nourriture du corps. Il n'est pas au pouvoir de l'économie animale de le décomposer, d'en faire du sang, de la chair, des os, ainsi que cela a lieu avec le pain, la viande, le lait, les œufs et les légumes.

Les véritables aliments, introduits dans l'estomac, sont bientôt convertis en de nouveaux principes propres à soutenir et à développer nos différents organes.

Il n'en est pas ainsi de *l'alcool*, parce que ce n'est pas un aliment. Une fois ingéré, il se répand rapidement dans tout le corps, à la faveur de la circulation, mais sans changer de nature, et il est ensuite expulsé par la bouche, dans l'acte de la respiration, comme on s'en aperçoit facilement à l'odeur que répand, peu de temps après, l'haleine des personnes qui en ont bu.

Saignez au bras, au pied, à la tête, l'homme qui en boit; distillez son sang, et vous y retrouverez *l'alcool!* On en a constaté la presence jusque dans le cerveau, cet organe si délicat, si sensible, qui forme l'anneau de communication entre le corps et l'âme! (¹)

Il n'est donc pas étonnant que l'abus de ce liquide détermine l'ivresse, toujours suivie de faiblesse, d'abattement, d'hébétude, quelquefois même de convulsions, de délire et enfin d'assoupissement, d'immobilité, de stupeur, d'une sorte d'état apoplectique, qui peut se dissiper naturellement au bout de quelques heures, mais qu'on voit souvent aussi devenir mortel.

Tous les liquides qui renferment de l'alcool en fortes proportions produisent absolument les mêmes effets sur l'économie animale; ils excitent puissamment les glandes de la bouche et la muqueuse de l'estomac. Les sécrétions deviennent très-abondantes et la sensibilité finit par s'émousser; le goût s'en va avec elle, et cela est si vrai, qu'il n'est pas rare de voir des hommes passer d'une liqueur douce à une liqueur plus forte, et arriver insensiblement à trouver que l'alcool pur et l'absinthe n'ont aucune saveur!

Le docteur Fonssagrives nous apprend qu'à London-Hospital, on administre fréquemment, sur prescription médicale, le *gin* aux malheureux qui ont l'habitude de cette boisson, parce qu'ils ne sauraient plus être suffisamment excités par le *brandy* ou eau-de-vie ordinaire (²)

Sous l'influence de ces boissons funestes, les muqueuses s'épaississent, les tissus, le cerveau et le système nerveux, dont les ramifications nombreuses courent dans tout le corps humain, se désorganisent, et l'individu contracte un état morbide qui ne tarde pas à devenir chronique. C'est alors que se manifestent les terribles effets de cette maladie, qu'on a nommée *l'alcoolisme*, à savoir: le tremblement des membres, l'affaiblissement de la

---

1. *Du rôle de l'alcool dans l'organisme*, par MM. Lallemand, Perrin et Duroy. — 1 vol. in-8. Paris, 1860. — Bouchardat. (*Annuaire de thérapeutique*), 1862, p. 208.

2. Fonssagrives. — *Hygiène alimentaire*. — 1 vol. in-8, p. 80.

force vitale, l'impuissance... Le corps se courbe, les cheveux blanchissent, et, à quarante ans, l'homme n'est plus qu'un vieillard (1).

« L'eau-de-vie, dit M. Liebig, par son action sur les nerfs, est comme une lettre de change tirée sur la santé de l'ouvrier, et qu'il lui faut toujours renouveler faute de ressources pour l'acquitter. Il consomme son capital au lieu des intérêts ; de là, inévitablement, la banqueroute de son corps. » (2)

Un des résultats les plus fréquents de *l'alcoolisme* est la paralysie des organes. J'ai lu quelque part qu'un charpentier, parfaitement sain et très-robuste, mais qui avait la triste habitude de boire tous les jours de larges doses d'eau-de-vie, fut frappé, à l'âge de 35 ans, d'une paralysie de la langue ; les mots qu'il prononçait étaient inintelligibles. Quelques mois après ce premier accident, il perdit l'usage du bras droit, et finalement il succomba à une paralysie du cerveau.

L'irritation de l'estomac se joint ordinairement, dans l'usage abusif des alcooliques, à celle du cerveau, et l'alcool agit alors à la manière des *poisons véritables*... Il devient, lorsqu'il ne tue pas immédiatement, la cause la plus puissante, et peut-être la plus ordinaire de ces maladies dangereuses, qu'on ne reconnaît, en général, que lorsqu'il n'est plus temps d'y porter remède.

Ce qui ajoute encore aux désastreux effets de l'alcool, c'est qu'on vend au peuple, sous le nom d'*eau-de-vie*, non le produit retiré du vin par la distillation, sans avoir subi aucun mélange, mais des liquides fabriqués de toutes pièces avec du *trois-six* (alcool à 85° centés.) provenant de la distillation des grains fermentés, de la betterave ou de la pomme de terre.

Ce *trois-six*, d'un goût détestable par lui-même, parce qu'il

---

1. Voir *sur l'alcoolisme*, les thèses soutenues devant la Faculté de Paris : en 1859, par le docteur Therneuf et le docteur A. Motet ; en 1860, par le docteur Racle ; en 1862, par le docteur Contesse.

2. *Nouvelles Lettres sur la Chimie*. — Trente-cinquième lettre. T. 2, p. 245. Paris, 1852.

renferme, je l'ai déjà dit, des huiles essentielles d'une odeur forte et d'une redoutable puissance, ce que les allemands nomment le *fousel*, on le coupe avec de l'eau, on le colore avec du caramel, du cachou, du suc de réglisse, du jus de pruneaux, etc.; on y fait infuser des substances aromatiques âcres : poivre, piment, girofle, gingembre, ivraie, stramoine, goudron, etc., pour en mieux dissimuler l'origine.

On produit ainsi une boisson à vil prix, qui *emporte la bouche*, qui *gratte le palais*, comme disent entre eux les ouvriers, et qui n'a réellement de commun que le nom avec la bonne eau-de-vie qu'on boit chez les gens riches après les repas.

Trop heureux encore quand les cabaretiers ne donnent pas à leurs clients de ces liqueurs chargées de cuivre, de plomb, d'huile de vitriol, d'alun, comme j'en ai trouvé si souvent chez les petits détaillants des faubourgs !

En 1832, un peu avant l'arrivée du choléra en France, le maire de Rouen m'avait chargé d'examiner la qualité des principaux objets de consommation livrés aux ouvriers. Eh bien ! je reconnus dans beaucoup de mauvaises eaux-de-vie la présence d'une certaine quantité de *sucre de plomb* (acétate de plomb), composé des plus vénéneux. On employait alors ce sel pour la clarification des esprits de grains et de fécule coupés avec de l'eau, parce que ces mélanges restaient louches ou troubles pendant fort longtemps.

En 1846, j'ai examiné, conjointement avec M. Morin, trente-cinq échantillons d'esprits et d'eau-de-vie, saisis chez divers marchands en gros et débitants de Rouen; vingt-un d'entre eux contenaient manifestement de l'acide sulfurique, qui y avait été ajouté à dessein pour développer dans ces *trois-six* coupés un bouquet analogue à celui qui caractérise les vieilles eaux-de-vie de vin. On sait que dans ces dernières, il y a presque toujours un peu d'éther qui se produit naturellement par la réaction de l'alcool sur l'acide acétique créé à la longue sous l'influence de l'air et des matières fermentescibles. [1]

En 1834, j'ai trouvé dans de l'*absinthe verte*, vendue à Rouen, une proportion considérable de *vert de gris* (sous-acétate de cuivre)! Aussi une personne qui en avait bu deux ou trois petits verres avait éprouvé de violentes coliques qui l'effrayèrent beaucoup.

Au mois de janvier 1860, une sorte d'épidémie sévissait sur le 1er régiment de dragons. Un grand nombre d'hommes offraient une certaine altération de la face; ils ressentaient de douloureuses coliques, avaient de la diarrhée et quelques uns même des vomissements. Sur l'invitation du colonel, les médecins du régiment ouvrirent une enquête, qui fit découvrir la présence du *vitriol bleu* (sulfate de cuivre) dans la liqueur d'absinthe des cantines. Quelques jours après, les fûts d'absinthe saisis dans ces cantines furent défoncés en présence de la troupe, et on laissa couler au ruisseau *l'infusion de gros sous*, comme l'appelaient les dragons.

Le peuple reconnaît bien instinctivement que ces affreux breuvages portent en eux des principes de maladies et de mort, car, dans son langage toujours imagé, il se sert de ce nom bien significatif, *la cruelle*, pour désigner les mauvaises eaux-de-vie de coupage qu'on lui vend à raison de 2 *centimes* 1/2 *le petit verre!*

Les autres liquides alcooliques, *le genièvre, le squidam, le kirsch, l'eau de noyaux, le marasquin, l'extrait d'absinthe, la chartreuse, l'anisette, le cassis, l'amer*, etc., ne sont pas moins dangereux pour la santé. Ils enivrent plus promptement et plus fortement que l'eau-de-vie de même force; l'ivresse qu'ils déterminent prend un caractère de fureur particulière, et

---

1. *Sur la falsification des eaux-de-vie*, par MM. Morin et J. Girardin. — Journal de chimie médicale. 2e. série, t. 12, p. 183. — 1846.

laisse après elle une fatigue inaccoutumée, parce qu'ils contiennent par eux-mêmes de ces principes malfaisants dont j'ai déjà parlé : acide prussique, éther œnanthique, alcool amylique, alcool propylique, alcool caproylique, huiles essentielles irritantes, matières âcres, etc.

De toutes les liqueurs de table, dont l'arome est dû à des huiles essentielles (anis, anisette, angélique, chartreuse, absinthe, etc.), celle qui exerce les effets les plus désastreux sur l'homme, c'est sans contredit *l'absinthe*, dont on fait aujourd'hui un si déplorable abus. L'huile essentielle qu'elle contient en fortes proportions et qui lui donne la propriété de devenir laiteuse par son mélange avec l'eau, ajoute considérablement aux inconvénients de l'alcool; cette huile agit effectivement comme un véritable poison, ruine l'estomac et de plus amène des troubles tels dans le cerveau qu'il en résulte une folie spéciale et terrible que les médecins ont désignée sous le nom de *folie de l'absinthe* [1].

Un de nos généraux d'Afrique disait que l'absinthe lui avait tué plus de monde que les Arabes. — Pendant la campagne de la Kabylie, en 1857, le maréchal Randon interdit aux marchands de ce *poison vert* de suivre les colonnes de l'expédition.

J'ai insisté jusqu'ici sur les conséquences qu'entraîne pour l'organisation l'abus des liqueurs alcooliques. Mais à celles qui frappent le corps, viennent s'ajouter parallèlement celles qui frappent l'esprit. C'est ici qu'on peut voir, et, pour ainsi dire, toucher du doigt, les rapports intimes qui unissent le corps à l'âme, les organes à l'intelligence.

Toutes les facultés de l'individu s'évanouissent, l'une après l'autre. La mémoire se perd, l'hébêtement et bientôt la folie

---

1. Thèse du docteur Motet (déjà cité). — Anselmier, *de l'empoisonnement par l'absinthe*, Paris, 1862, in-12. — Moreau, *de la liqueur d'absinthe et de ses effets*. Paris, 1863, in-8 — Figuier, *sur les effets pernicieux de la liqueur d'absinthe* (année scientifique et industrielle, 6e. année, 1862, p. 336).

remplacent les qualités intellectuelles que l'homme possédait.

Il est tellement vrai que l'excès des boissons spiritueuses détruit la raison à la longue, qu'on a constaté, aux Etats-Unis, que sur 781 aliénés admis dans les hospices, 392, de l'aveu de leurs propres familles, ont été réduits à cet état par l'usage de ces liqueurs.

A Liverpool, sur 490 individus entrés à l'hôpital des fous, 257 s'étaient attirés cette terrible fin par leur intempérance.

A l'asile des aliénés de la Seine-Inférieure, le docteur Parchappe a reconnu, il y a une vingtaine d'années, que sur 100 malades, 28 devaient la perte de leur intelligence à l'ivrognerie !... Aujourd'hui, d'après le docteur Dumesnil, cette proportion est encore plus grande ; elle monte au-delà de 30 p. 0/0.

Souvent la folie se déclare brusquement chez certains individus et amène de désastreuses conséquences, soit pour eux, soit pour ceux qui les entourent. Le plus habituellement, cependant, chez les buveurs de profession, l'empoisonnement préparé de longue main ne détermine qu'insensiblement la folie et notamment le délire spécial auquel on a donné le nom de *délire tremblant* (delirium tremens), parce qu'il est accompagné d'un tremblement général, de secousses rapides des membres, et, en outre, de convulsions chez les femmes. A mesure que cette singulière affection se développe, les sens se pervertissent de plus en plus.

L'un croit entendre des sons étranges, des paroles qui le provoquent. Un autre croit voir des éclairs, des spectres de feu, des animaux hideux, des fantômes qui l'obsèdent et le poussent à des actions ridicules ou barbares.

On cite un militaire, vieux soldat d'Afrique, qui pendant l'ivresse, se croyait toujours assailli par les Arabes et passait la nuit à sabrer ses meubles.

Tous ces troubles de l'intelligence, ces hallucinations, comme on les appelle, durent un, deux ou trois jours, souvent même pendant huit ou dix; et lorsqu'après une guérison, rarement complète, le buveur incorrigible commet de nouveaux excès d'intempérance, le *delirium tremens* reparaît avec plus d'intensité pour dégénérer bientôt en une démence incurable. Un peu plus tôt, un peu plus tard, une paralysie générale se déclare, et la mort ne tarde pas à clore cette série de phénomènes extraordinaires.

Jadis ce n'était qu'entre quarante et quarante-cinq ans qu'apparaissait la paralysie; mais depuis quelques années, elle se montre dès vingt-cinq à trente ans, comme si les individus s'accoutumaient plus tôt qu'autrefois à l'ivrognerie. On ne saurait douter que tout ce hideux cortège de l'*alcoolisme* ne soit héréditaire et que les enfants ne soient punis des fautes paternelles! Conséquence fatale qui devrait donner à réfléchir![1]

Ce qui précède suffit bien pour justifier cet aphorisme de Balsac : « On s'est effrayé du choléra; l'eau-de-vie est un bien autre fléau.[2] »

Ce n'est pas tout. Sous l'influence de cette ignoble et funeste manie de l'eau-de-vie, la passion du crime, celle du suicide se développent avec une rapidité effrayante. On sait, en effet, que c'est dans les pays où l'on consomme le plus d'eau-de-vie, spécialement en Allemagne, en Angleterre, en Suisse, en Russie, en Amérique, qu'il se commet le plus de suicides. Cela ne doit pas surprendre, car l'intempérance entraîne fatalement à sa suite le désordre et la misère qui, à leur tour, engendrent le désespoir, le dégoût de la vie, le suicide.

On a calculé que de 1818 à 1838, en France, le sixième des suicides avait eu lieu pendant l'ivresse. De nos jours, cette proportion doit être encore plus forte.

---

1. Voir pour plus de détails, les ouvrages déjà cités. — Roesch, *de l'abus des boissons spiritueuses* (annales d'hygiène. Ire. série, t. XX, p. 1, 1839.) — Les traités d'hygiène de MM. Lévy, Becquerel, etc. — Thèse de H. Royer-Collard, 1838, in-4. — Marcel, *de la folie causée par l'abus des boissons alcooliques*, Paris, 1847, in-4.

2. H. de Balsac, *traité des excitants modernes* (revue de Paris, volume d'avril 1852, p. 5).

C'est encore l'eau-de-vie qui est la cause la plus fréquente de ces querelles, souvent meurtrières, qui s'élèvent entre les buveurs et dont les moindres effets sont, dans tous les cas, d'exciter la haine et de peupler les tribunaux de police.

On l'a dit avec beaucoup de raison : *sur dix drames qui se dénouent en police correctionnelle, neuf ont leurs premières scènes au cabaret.*

Les sept-huitièmes des condamnations prononcées à Boston, les trois-quarts des crimes commis en Suède, les deux-tiers de ceux qui ont lieu dans la Prusse-Rhénane sont dus à l'abus de l'eau-de-vie et des autres boissons enivrantes. C'est la même cause qui remplit les prisons de la vieille Prusse.

D'après les documents publiés par le gouvernement anglais, l'ivresse et les désordres qu'elle provoque tuent par an 500,000 habitants. La moitié des fous, les deux-tiers des indigents et les trois-quarts des criminels sont des individus adonnés à la boisson.

M. Lemesle, maire de Paimpol, en Bretagne, écrivait ceci, il y a une douzaine d'années :

« J'affirme que la plupart des indigents de cette ville doivent la misère dans laquelle ils croupissent à l'usage et à l'excès des boissons, et particulièrement de l'eau-de-vie... J'affirme que presque tous les désordres, les contraventions, les délits et les crimes dont j'ai dû poursuivre ou provoquer la répression, ont été commis par des personnes dans l'ivresse ou par des ivrognes de profession. »

Il n'est donc que trop vrai, l'intempérance rabaisse l'homme au niveau de la brute, et lui en donne trop souvent l'aveugle férocité.

L'origine du mal, dans nos Sociétés soi-disant policées, il faut bien le répéter sur tous les tons, c'est presque toujours l'ivrognerie, cause ordinaire de l'indigence, des vols, des homicides, des attentats aux mœurs, des rebellions, des émeutes. C'est elle qui fournit la part la plus large à la misère, à l'ignominie, à la mort; c'est elle qui conduit fatalement à l'hôpital, à la maison des fous, à la morgue, au violon, puis à la prison et enfin à l'échafaud !

III.

> De nos jours, il y a dans toutes les classes une pente vers l'ivresse, que les moralistes et les hommes d'État doivent combattre, car l'ivresse, sous quelque forme qu'elle se manifeste, est la négation du mouvement social. L'eau-de-vie et le tabac menacent la société moderne.
>
> H. DE BALSAC.

La facilité d'extraction de l'eau-de-vie, le bas prix de ce liquide, qui n'est plus, dans les villes et les cabarets de village, qu'un mélange de *trois-six* et d'eau, marquant de 37 à 50°, coloré et aromatisé artificiellement, ont singulièrement favorisé sa consommation, au grand détriment des classes laborieuses, car ce sont elles surtout qui en font un usage habituel.

Les classes aisées ne sont pas exemptes de ce goût pour les alcooliques, et si elles repoussent, par un sensualisme raffiné, l'affreuse boisson du peuple, elles s'accoutument de plus en plus, il faut bien le reconnaître, a l'usage de l'absinthe, du rhum, de l'anisette, et de cent autres liqueurs dont l'art du distillateur s'ingénie à varier la composition et le bouquet.

Au temps de Louis XIII et de Louis XIV, les gens riches, les hommes de lettres et jusqu'aux seigneurs de la cour, allaient publiquement se divertir, s'enivrer au cabaret. Si, de nos jours, les hommes de loisir ont été remplacés dans ce lieu par les hommes de labeur, les cafés, les estaminets, les cercles recrutent une clientèle de plus en plus considérable parmi les favorisés de la fortune, et les choses n'en vont pas mieux qu'au XVIIe siècle; aussi les classes ouvrières n'ont pas seules le triste privilége de l'alcoolisme.

Il est facile de justifier par des chiffres le progrès toujours croissant de l'abus des liqueurs fortes.

En 1768, les plus habiles distillateurs ne pouvaient obtenir, en vingt-quatre heures, plus de produits que le contenu de l'alambic chargé une seule fois pendant ce temps. Aujourd'hui, par suite des perfectionnements apportés successivement aux appareils de distillation par Edouard Adam, Cellier-Blumenthal, Derosne et Cail, Laugier, Dubrunfaut, Egrot, Franck, Robert, Villard, etc., on extrait l'eau-de-vie des jus fermentés d'une manière continue, sans démonter les appareils, en obtenant à volonté de l'eau-de-vie ou de l'alcool presque pur.

Voici les rendements actuels en alcool à 95° centésimaux des principales matières que l'on exploite en grand :

1000 Kilogr.	de betteraves,	donnent en moyenne	35 litres
Id.	de mélasse de betteraves.	Id.	245 »
Id.	de grains,	Id.	290 »
Id.	de riz,	Id.	360 »

On va voir, par les documents officiels suivants, avec quelle rapidité la production de l'eau-de-vie, en France, s'est élevée depuis 1788 jusqu'à 1851 :

Périodes.	Production annuelle en hectolitres.
1788	368,857
Sous le 1er Empire.	650,000
1828	906,337
1840	1,088,802
1851	1,300,000

Les chiffres de **1851** représentent une valeur de 74,100,000 fr.

Outre la production française, les importations de spiritueux de diverses natures se sont accrues dans une proportion considérable, surtout à partir de 1855, par suite de la hausse énorme dans les prix des alcools. Ainsi :

En 1837, les importations montaient	7,647 hectol.	29
En 1855, elles s'élevèrent à	264,603 »	47

Elles consistaient en :

Eau-de-vie de vin.	13,166 hect.	42
Kirschenwasser	358	05
Rack	197	59
Rhum et Tafia	64,725	91
Autres spiritueux	186,455	50

J'emprunte à M. Husson les renseignements suivants sur la consommation des liquides spiritueux, à Paris, depuis 1825[1] :

Périodes.	Alcool pur réduit à 45° centésimaux.
De 1825 à 1830 (moyenne de 6 ans)	69,071 hect.
De 1831 à 1835 (moyenne de 5 ans)	72,315
De 1836 à 1840 (moyenne de 5 ans)	91,538
De 1841 à 1845 (moyenne de 5 ans)	110,762
De 1846 à 1850 (moyenne de 5 ans)	116,200
De 1851 à 1854, y compris 5,728 hectol., représentant les quantités annuellement consommées aux barrières par les habitants de Paris.	150,047

Le calcul de la part individuelle, que l'on peut en moyenne attribuer à chaque Parisien sur ces quantités, donne les résulats suivants :

Consommation de chaque habitant.	Par an.	Par jour.
De 1825 à 1830	8 lit. 96	0 lit. 024
De 1831 à 1835	8 74	0 023
De 1836 à 1840	10 15	0 027
De 1841 à 1845	11 14	0 031
De 1846 à 1850	11 03	0 030
De 1851 à 1854	13 04	0 036
De 1851 à 1854 (y compris la consommation aux barrières)	14 25	0 039

1. *Les consommations de Paris*. — 1 vol. in-8, 1856, Paris. Guillaumin et Cie.

En sorte qu'en vingt-neuf ans, la consommation de chaque habitant s'est presque doublée, bien que le prix de l'hectolitre, hors Paris, se soit élevé, entre les deux années extrêmes, de 88 fr. 75 à 221 fr. 65.

Le quinzième environ des quantités d'eau-de-vie consommées par les Parisiens est bu par eux sous la forme de liqueurs sucrées, telles qu'anisette, cassis, curaçao, crême ou eau de noyaux, ratafia, etc., ou avec les fruits confits (prunes de reine claude, chinois, cerises, verjus, abricots, etc.), dont la vente a pris, dans ces dernières années, un prodigieux accroissement. De toutes ces liqueurs, la *chartreuse* et surtout *l'absinthe* sont celles qui semblent le plus en faveur. La Suisse ne suffit plus, depuis plusieurs années, à notre consommation en absinthe, et cependant, son importation, en 1863, s'est élevée à 75,000 hectolitres! De nombreuses fabriques, à Paris et ailleurs, ont quintuplé cette quantité déjà effrayante.

J'ai voulu savoir si le même mouvement ascendant dans la consommation des liqueurs fortes s'était manifesté dans les grands centres industriels de France. Voici quelques renseignements officiels que je me suis procurés à cet égard :

ALCOOL PUR CONTENU DANS LES EAUX-DE-VIE ET ESPRITS, LIQUEURS ET FRUITS A L'EAU-DE-VIE, CONSOMMÉS ANNUELLEMENT DANS LES VILLES SUIVANTES, EN HECTOLITRES :

	Rouen.	Elbeuf.	Mulhouse.	Saint-Etienne.	Lille.	Valenciennes.	Roubaix.	Tourcoing.
En 1851..	8245	1952	»	4792	»	1573	1447	1368
En 1852..	»	»	577	»	»	»	»	»
En 1853..	»	»	»	»	4776	»	»	»
En 1860..	11105	2362	736	2429	5969	1634	2217	1552

Dans l'arrondissement de Bernay (Eure), il a été consommé, indépendamment du cidre, des vins et des autres boissons alcooliques :

En 1853. . . . . 2060 hectolitres d'alcool.
En 1862. 3175   Id.

Ces derniers chiffres, fournis par l'Administration, sont loin de représenter la consommation réelle, car l'eau-de-vie de cidre dont on évalue le chiffre à 3000 hectolitres par an, est presque entièrement soustraite aux droits de la régie [1].

Le même mouvement ascensionnel se manifeste avec encore plus d'intensité peut-être, en Allemagne, en Russie, dans la Grande-Bretagne, en Amérique.

Voici les quantités de spiritueux distillés et consommés en 1862, dans la Grande-Bretagne :

	Distillation.	Consommation.
Angleterre	7,552,037 gallons.	10,458,892 gall.
Écosse	13,113,384	4,400,271
Irlande.	4,301,539	3,977,024
	24,966,960	18,836,187
Soit en hectolitres.	1,133,500	855,163 [2]

La population de la Grande-Bretagne étant de 29,031,298 habitants . .
- Angleterre. 20,205,504
- Écosse . . . 3,061,251
- Irlande . . . 5,764,543

il en résulte que chaque habitant du Royaume-Uni boit annuellement 29 litres 45 de liquides spiritueux, c'est-à-dire le double de ce que boit un Parisien.

---

1. *Topographie médicale de la région dont Bernay est le centre*, par le docteur Margerie, (Annuaire de l'Association normande, 1864, p. 317.)
2. Moniteur universel du 29 avril 1863.

L'ivrognerie atteint, en effet, en Angleterre, des proportions considérables, malgré les 850 Sociétés de tempérance qu'on y compte. On a constaté, d'après les relevés de la police, que le nombre des ivrognes cités en justice, avait été, pour l'année 1862, de 94,908, dans lesquels il y avait 22,500 femmes. Sur le chiffre total, 6000 environ ont été condamnés à l'emprisonnement et 211 à la peine capitale par suite des crimes que l'ivresse leur avait fait commettre. Dans les 211 condamnés à mort, il y avait 66 femmes !

Un amateur de ces calculs de statistique, dont on aime en Angleterre les formules bizarres, établissait, dès 1832, que la masse des liqueurs fortes bues chez nos voisins, pendant une année, aurait pu former une rivière de plus de neuf kilomètres de long sur une largeur de 3 mètres 50 et une profondeur de 4 mètres 60 environ.

Nous n'en sommes pas encore là ; mais le docteur Dumesnil, directeur et médecin en chef de l'asile des aliénés de Rouen, à qui j'emprunte cette citation, signale une petite ville du département de la Seine-Inférieure dont on a constaté que les 9000 habitants avaient consommé, en une seule année, 2000 hectolitres d'alcools de toute espèce [1] !

On a estimé que la quantité de liqueurs alcooliques consommées annuellement aux États-Unis, de 1807 à 1828, était de 327,128,968 litres, ou 27 litres par habitant, c'est-à-dire le double à peu près de ce qui est bu à Paris. Il en résulte que la quantité consommée par les hommes adonnés à ces boissons a été véritablement effrayante, puisqu'il faut retrancher du nombre des buveurs la plus grande partie des femmes et des enfants, ainsi que tous ceux qui n'avaient pas contracté cette funeste habitude. Les statistiques établissent qu'il y avait aux États-

---

1. *Étude sur la question de l'ivrognerie. Rapport au nom d'une Commission*, par le docteur Dumesnil (Bulletin des travaux de la Société libre d'Émulation du Commerce et de l'Industrie de la Seine-Inférieure. Années 1858-59 et 1859-60). — Rouen, 1860, Alf. Peron.)

Unis, dans la période indiquée plus haut, plus de 300,000 ivrognes, et que plus de 37,000 périssaient chaque année victimes des excès de boissons spiritueuses. Ce qui démontre bien l'étendue du mal sous ce rapport, c'est la multiplicité des Sociétés de tempérance qui se sont établies. On en compte aujourd'hui 3712, qui réunissent 3,615,000 membres. Une secte particulière a pris le nom de *Fils de l'abstinence* [1].

IV.

> Osons dire tout ce qui est vrai, et marchons par où Dieu nous conduit.
> SOCRATE.

> Il est incontestable que l'abus des liqueurs fortes a pris dans plusieurs pays de l'Europe une extension dangereuse, et qu'il serait nécessaire de prévenir par des mesures de police les inconvénients qui en résultent.
> DUMAS. — *Séance du Sénat du 27 juin* 1861.

Un moraliste l'a dit avec raison : « L'ivrognerie est une

---

[1]. Tout récemment, le Parlement anglais a reçu un grand nombre de pétitions en faveur du bill des boissons enivrantes, qui avait pour but de permettre à toute paroisse, sur l'approbation de la proposition d'une majorité des contribuables, de prévenir la vente des boissons enivrantes, le dimanche, en fermant complètement les cabarets pendant 24 heures.

Ce bill a été rejeté dans la séance du 8 juin 1864. Un des ministres de la reine a mis en avant que ce bill imposerait à la majorité une tyrannie intolérable, et il a soutenu qu'on remédierait puissamment au mal en adoptant dans les districts métropolitains une meilleure administration de la loi.

Un autre orateur a dit qu'ayant passé malgré lui cinq ans dans les Etats d'Amérique où est défendue la vente des boissons enivrantes, il a constaté que, malgré cette mesure, l'ivrognerie y est très-développée. Là, l'homme qui veut s'enivrer, au lieu de rester dans la salle du cabaret, descend dans une cave où il boit jusqu'à l'ivresse, et où on le garde, parce que, s'il était vu dans cet état, il y aurait une amende et pour le buveur et pour le débitant. Parmi les hautes classes, on a soin de fermer les volets avant d'apporter le vin et les liqueurs sur la table.

Tout ceci prouve combien les habitudes d'intempérance sont générales et invétérées, tant en Angleterre qu'en Amérique.

horrible folie ; ce n'est ni un besoin, ni un plaisir ; c'est un signe de barbarie et de misère. [1] »

De nos jours, il faut bien le reconnaître, il y a, dans toutes les classes, une pente vers l'abus des liqueurs fortes. Pour les riches, le mal n'est pas aussi profond et il est, d'ailleurs, plus facile à déraciner que chez la population ouvrière ; il n'a pas, en outre, les fatales conséquences qui pèsent sur celle-ci.

En détruisant les forces physiques, en énervant le corps, l'intempérance tarit chez le peuple qui vit de ses bras, les seules sources où les individus peuvent puiser les moyens de se procurer les choses nécessaires à leur existence. Elle crée des besoins factices, des passions mauvaises, et déverse à pleines mains la démoralisation, sans laquelle le crime serait inconnu ; enfin, pour le criminel lui-même, elle est un funeste auxiliaire, qui lui prête l'énergie indispensable à l'exécution de projets qui, sans elle, resteraient, le plus souvent, inexécutés.

Est-il possible, dans l'état actuel des choses, de s'opposer à la marche du fléau envahisseur, d'en garantir surtout les parties de la population que le défaut d'éducation et l'imprévoyance livrent plus facilement à ses coups ? Assurément le problème est difficile à résoudre, mais la grandeur du résultat à obtenir mérite bien qu'on en tente la solution.

Le moyen le plus efficace pour y atteindre, c'est une éducation religieuse et morale propagée largement par toutes les voies possibles ; c'est la multiplication des Crèches, des Salles d'asile, des Écoles primaires, des Caisses d'épargne, des Sociétés de secours mutuels, et la vulgarisation des avantages qu'elles procurent ; c'est l'institution de *Sociétés de tempérance*, mais sur des bases plus pratiques et d'après des règlements moins outrés que ceux qui ont présidé à la création de ces

---

1. Buret ; *De la misère des classes laborieuses en Angleterre et en France*, t. 2, p. 200.

utiles associations en Amérique, en Angleterre et en Allemagne [1].

« Quand on a vu à Londres, dit de Balsac, les palais du *Gin*, on conçoit les Sociétés de tempérance.[2] »

S'il est à peu près impossible d'arracher aux habitudes de l'intempérance ceux qui en ont une longue pratique, les moyens précédents auront certainement pour effet d'en affranchir les générations nouvelles. Mais pour en obtenir des résultats marqués, il faut que tout le monde : gouvernement et particuliers, ministres des cultes et journalistes, instituteurs et membres des bureaux de bienfaisance, s'en occupent avec zèle, énergie et surtout persévérance. Devant un mal aussi invétéré, ce n'est pas trop des efforts de tous.

Le gouvernement a, de plus, d'importants devoirs à remplir. Il lui appartient de mettre en vigueur certaines mesures qui peuvent amener plus sûrement la diminution de la consommation des liqueurs alcooliques.

Pourquoi, par exemple, ne pas abaisser considérablement les droits de régie et d'octroi, qui augmentent outre mesure la

---

1. Voici, d'après un journal anglais, le nombre approximatif des Sociétés de tempérance avec leur nombre d'adhérens :

	NOMBRE DE SOCIÉTÉS en activité.	NOMBRE de MEMBRES.
Grande-Bretagne	800	1,640,000
Amérique anglaise (Canada, Nouvelle-Écosse, Nouveau-Brunswick)	900	370,000
Amérique du Sud	»	70,000
Amérique du Nord	3,712	3,615,000
Allemagne (moins la Prusse et l'Autriche)	1,500	1,500,000
Suède et Norwège	510	1,000,000
Iles Sandwich	»	5,000
Cap de Bonne-Espérance	»	900

2. H. de Balsac. — Loco citat., p. 25.

valeur des vins les plus ordinaires, et les mettent ainsi hors de la portée de la classe ouvrière?

Celle-ci, qui ne peut soutenir ses forces par une boisson saine et généreuse, s'adresse à l'eau-de-vie, qui lui procure momentanément une énergie factice.

Surélevez la taxe des alcools et des eaux-de-vie autant que vous le pourrez; faites que le riche seul puisse en faire usage; la morale et l'hygiène vous approuveront; mais, par grâce, abaissez si bien les droits sur les vins, la bière et le cidre, que le pauvre puisse en boire au moins un verre à ses repas.

Le *dégrèvement* donc pour ces boissons saines et fortifiantes, et une *surtaxe considérable* pour les esprits et liqueurs alcooliques qui énervent et qui tuent.

Si les malheureux font encore des excès, ce qui est probable, ce sera, au moins, avec des produits sains. Le mal est plus grand qu'on ne croit. Le Dr Villermé n'a-t-il pas constaté que la seule population ouvrière d'Amiens absorbe quotidiennement 36,000 petits verres d'eau-de-vie! M. Mabire, maire de Neufchâtel-en-Bray (Seine-Inférieure), ne nous apprend-il pas que dans cette petite ville de **3500** habitants, on y boit par jour **7000** petits verres d'eau-de-vie [1]! et de laquelle, bon Dieu!... de l'eau-de-vie de grains, de pommes de terre ou de betteraves, qui abrutit, en peu d'années, la constitution la plus vigoureuse.

Pourquoi encore les fabricants d'alcools ne sont-ils pas soumis à des droits d'exercice élevés? Qui donc n'approuverait pas l'établissement d'un *droit de fabrication* pour un commerce qui, justement parce qu'il est devenu une de nos infirmités sociales, **devrait ne pas soustraire à toute mesure restrictive l'immensité de ses produits?**

La facilité avec laquelle l'Administration autorise l'ouverture

---

[1]. Annuaire de l'Association normande. 1864, p. 328.

des estaminets, cabarets et autres débits de boissons a les plus fâcheux résultats sur la santé du peuple. Pourquoi multiplier, comme à plaisir, ces lieux où l'oisiveté et l'intempérance trouvent à se satisfaire [1]?

Il résulte des documents officiels que le nombre des licences délivrées aux débitants de boissons s'accroît chaque année d'une manière effrayante

En 1831, ce nombre s'élevait pour la France entière à . 278,118
En 1844, il était monté à 301,855
En 1851, à 355,473
En 1861, à . . . . 348,273.

Aussi n'est-il pas étonnant de voir, dans les quartiers populeux de nos grandes cités industrielles, la plupart des rez-de-chaussées occupés par des marchands de boissons alcooliques. Dans les petites localités même, il n'est presque pas de boutiques où le débit de ces liquides meurtriers ne se joigne à tout autre genre de commerce, et il en est ainsi parce que, malgré la vileté apparente des prix, les détaillants font encore de notables bénéfices sur cette espèce de marchandise.

---

1. Je crois devoir constater ici que, depuis bien longtemps, l'Administration préfectorale du Nord fait les plus louables efforts pour diminuer, autant qu'il est en son pouvoir, les maux produits par l'ivrognerie dans nos villes et campagnes. Le Préfet, par une circulaire du 18 octobre 1852, avait décidé, en se basant sur le trop grand nombre de cabarets alors en exercice dans le département (17,840!), qu'il ne serait plus accordé d'autorisations pour l'ouverture de nouveaux débits. Cette sage disposition fut maintenue en vigueur pendant plusieurs années; mais le ministère ayant déclaré que de semblables restrictions étaient contraires à la liberté du commerce; et, d'un autre côté, le trafic des licences ou plutôt des cessions d'établissements ayant pris des proportions effrayantes et véritablement scandaleuses, le Préfet dut, en 1860, se départir des règles si habilement tracées par la circulaire de 1852. Toutefois, par compensation, depuis cette époque, une grande sévérité a été prescrite aux maires pour l'exécution des règlements locaux sur la police des cafés, cabarets et autres établissements publics. (Voir dans le *Recueil des Actes administratifs de la Préfecture du Nord*, les circulaires du 20 avril 1853, 21 février 1854, 7 avril 1858, 28 décembre 1860, 30 juillet 1863, 17 avril 1864). Toutes ces circulaires mettent à même d'apprécier avec quel zèle soutenu l'Administration du Nord s'efforce de remédier aux déplorables abus, qu'elle ne peut, dans l'état actuel de la législation, combattre aussi énergiquement qu'elle le voudrait.

Pourquoi les épiciers ont-ils ou prennent-ils la permission de vendre au petit verre l'eau-de-vie, l'absinthe, le squidam, les fruits à l'eau-de-vie, etc.? N'a-t-on pas remarqué, en France aussi bien qu'en Angleterre, que cette tolérance exerce la plus pernicieuse influence, particulièrement chez les femmes, qui ne manquent pas d'ajouter un petit verre de ces boissons aux menus achats qu'elles font chaque matin pour leurs ménages?

N'est-il pas aussi très-regrettable qu'un grand nombre de débitants de tabac soient en même temps débitants de liquides? La réunion de ces deux objets, qui sont devenus de consommation journalière pour l'ouvrier, facilite et augmente les dépenses qu'il fait inutilement pour satisfaire ses goûts ruineux.[1]

Qu'on me permette de reproduire ici, à cette occasion, quelques lignes de l'intéressant *tableau de l'état physique et moral des ouvriers* du docteur Villermé:

« Je me suis contenté de suivre toutes les personnes dans la rue *(rue des Étaques*, à Lille), où beaucoup s'arrêtaient chez les épiciers pour boire de l'eau-de-vie, avant d'entrer au cabaret où j'entendais jusqu'aux enfants dire les paroles les plus obscènes. Je puis l'affirmer, je n'ai jamais vu à la fois autant de saleté, de misère et de vices, et, nulle part, sous un aspect plus hideux, plus révoltant. Et que l'on ne croie pas que cet excès du mal soit offert par quelques centaines d'individus seulement; c'est, à des degrés divers, par la grande majorité des 3000 habitants qui logent dans le quartier de la rue des Étaques.[2] »

---

[1]. Les inconvénients graves que présentent les débits connus sous le nom de *Cantines*, n'ont pas échappé à l'attention de l'Administration préfectorale du Nord. Ces débits existaient en très-grand nombre à Lille et dans les communes annexées antérieurement au décret de 1851, et il y avait là des droits acquis auxquels il était difficile, pour ne pas dire impossible de toucher; mais aujourd'hui, l'Administration, je le signale ici avec bonheur, se montre excessivement difficile pour la création de ces sortes d'établissements, et presque toutes les demandes de cette nature sont rejetées; il faut des situations tout-à-fait exceptionnelles pour que des permissions soient accordées. Dans l'état actuel de la législation, le refus d'autorisation pour la création de nouvelles *cantines* est peut-être la seule mesure praticable.

[2]. *Tableau de l'état physique et moral des ouvriers*. Édition de 1840.

Voici ce qu'on lit dans le rapport général adressé en **1862** par le Conseil central de salubrité du Nord à M. le Préfet :

« Dans une certaine partie du peuple, la consommation de l'eau-de-vie et des autres liqueurs spiritueuses est déjà portée à l'extrême et jusqu'à l'ivrognerie la plus dégradante. Presque toutes les Commissions cantonales de salubrité du département du Nord la signalent comme une plaie sociale à laquelle il faut porter remède.... On y parviendra en tenant la main à l'exécution des règlements de police des cabarets et en restreignant le nombre de ceux-ci au lieu de l'augmenter. [1] »

On a limité le nombre des débits de tabac, de poudre, de cartes à jouer dans un intérêt fiscal. Pourquoi, dans un intérêt de moralité et d'hygiène publique, n'en ferait-on pas autant pour les débits de boissons alcooliques ? Pourquoi ne multiplierait-on pas les débits de boissons à emporter au détriment de ceux où l'on consomme sur place ?

« Mais, dira-t-on, ce serait aller contre la liberté du commerce ! »

Plaisant argument, en vérité ! Est-ce que le respect pour la liberté doit aller jusqu'à compromettre l'existence même de la Société ?... La liberté de *bien faire* doit être illimitée, sans doute ; mais celle de *mal faire* doit être restreinte autant qu'il est possible.

Le gouvernement est un père de famille qui doit avoir en continuel souci de préserver ses enfants des dangers auxquels leur ignorance, leur inexpérience, leur défaut de réflexion les exposent journellement. Or, qu'est-ce que le peuple, l'ouvrier de nos villes et de nos campagnes, si ce n'est un grand enfant sans prévoyance aucune à l'endroit de ses intérêts les plus chers : sa santé et son avenir ?

---

1. *Rapport du Conseil central de salubrité du Nord*, pour 1862, p. 212.

Est-ce qu'un père affectueux et prudent laisse entre les mains de ses enfants des couteaux et des armes à feu avec lesquels ils pourraient imprudemment se blesser?

Pourquoi donc le gouvernement laisserait-il circuler librement au milieu du peuple des instruments de mort tout aussi terribles, *l'eau-de-vie* et *ses analogues,* dont les redoutables effets sur économie animale ne sont pas connus de ceux qui en font abus?

Dans les campagnes, il y aurait encore une mesure excellente à prendre, au point de vue de la morale et de l'hygiène publiques; ce serait de restreindre, au lieu de l'étendre comme on le fait, le nombre des foires et marchés.

Un de nos meilleurs journalistes agricoles, M. Victor Borie, fait remarquer avec beaucoup de raison que le progrès agricole a dans le paysan lui-même un ennemi bien plus terrible, bien plus implacable que l'ignorance, la routine et la pauvreté; cet ennemi, c'est l'amour de la foire et du cabaret. La flânerie, la paresse, l'ivrognerie conduisent le paysan au marché ou à la foire; la foire, le marché le conduisent au cabaret; le cabaret le mène tout droit à sa ruine.

Il y a, en France, 25,278 foires; une pour 1300 habitants! et chaque année ce nombre augmente, parce que des Conseils généraux, mal inspirés, sollicitent quelque foire ou quelque marché de plus pour leur département, quand ce serait le contraire qu'il faudrait demander.

« Dans un rayon déterminé, tout le monde va à la foire, sauf quelques femmes, quelques enfants en bas âge et les infirmes. Presque tous ceux qui vont à la foire vont au cabaret.

» Qui n'a assisté aux étranges et ruineuses consommations auxquelles le paysan se livre dans les cabarets: le vin succédant au café, le sirop d'orgeat succédant au vin, et les prunes à l'eau-de-vie succédant au sirop d'orgeat. C'est un mélange indescriptible des liquides les plus surpris de se suivre dans le même palais, de se rencontrer dans le même estomac. Et l'avalanche d'alcools, de sirops et de vins continue jusqu'à ce que le consommateur, ivre-mort, soit jeté à la porte sans un sou vaillant dans sa poche.

» A la foire succède le marché. La dépense est moins grande, mais c'est toujours une journée perdue. Combien de journées semblables dans l'année? Comptons:

» Deux marchés par semaine, cela fait 104 marchés. Chaque village se trouve bien dans le rayon d'une vingtaine de foires, cela fait 124 jours; ajouter 52 dimanches et une dixaine de frairies, foires, ballades, fêtes-votives, kermesses ou autres, et vous aurez un total de 186 à 190 jours pendant lesquels le paysan perd son temps et mange son argent; plus de la moitié de l'année!

» N'est-ce pas une véritable folie!

» On va à la foire ou au marché, dira-t-on, parce qu'on y a affaire. Si cela était vrai, la moitié des marchés seraient déserts, et bien des foires disparaîtraient d'elles-mêmes [1]. »

Il y a donc là encore une cause de débauche, sinon à faire disparaître complètement, au moins à affaiblir dans une proportion notable.

Dans l'état actuel des choses, la vente des liqueurs fortes a lieu clandestinement dans les prisons, dans les cantines, dans les conciergeries de tous nos établissements publics; la distribution en est faite à quiconque peut la payer, aux enfants même!

1. Borie. — *La feuille de tout le monde.*

Est-ce qu'à l'exemple de Genève et d'autres cantons Suisses, on ne devrait pas formellement interdire l'entrée des cabarets aux enfants âgés de moins de seize ans [1] ?

Est-ce qu'on ne devrait pas encore, à l'exemple du duché de Nassau, enjoindre aux débitants, sous peine d'une forte amende de police et même de la fermeture de leurs boutiques, de refuser des boissons alcooliques aux individus ayant un commencement d'ivresse ?

Enfin, est-ce que la loi ne devrait pas considérer l'ivresse comme un délit, et frapper de peines sévères tout individu surpris dans cet état honteux qui porte une grave atteinte à l'ordre public ?

On sequestre avec raison les aliénés, pour les empêcher de se nuire et de nuire aux autres. Les ivrognes ne sont-ils donc pas de véritables aliénés, non moins dangereux, mais moins dignes d'intérêt que les autres, puisque c'est volontairement qu'ils s'adonnent au vice qui les abrutit et par suite les tue ?

« Le citoyen qui s'enivre, dit le savant M. Matter, est non-seulement un objet de scandale et de honte pour la société, il est encore une cause de trouble et de péril, et l'homme ivre est un être privé de sa raison et de ses facultés morales par un acte de sa volonté. L'ordre public, représenté par ses organes, le magistrat, doit donc veiller sur sa personne, comme sur celle de tout autre qui menace la tranquillité sociale ; et une mesure qui, au nom des intérêts moraux, ferait voir à l'ivrogne que l'opinion le classe, comme il mérite de l'être, au rang de ceux

---

[1]. Les règlements dans le département du Nord défendent formellement, aux débitants de boissons, de recevoir les enfants âgés de moins de seize ans, qui ne sont pas accompagnés de leurs parents (circulaires du 12 février 1856, 28 décembre 1860). Il serait désirable que les mêmes mesures fussent étendues à tous nos départements sans exception. Depuis l'administration de M. Vallon, les débits mal tenus ou qui présentent du danger au point de vue de la morale ou de la sûreté publique ; ceux dont les exploitants se mettent en contravention avec les règlements locaux, sont immédiatement fermés et les délinquants ne sont plus admis à exploiter aucun établissement de cette nature.

dont la raison est aliénée pour un espace de temps plus ou moins long, ne saurait être que d'un effet salutaire[1]. »

Qu'on déclare donc qu'un individu surpris en état d'ivresse dans un lieu public sera mis en prison, dans un quartier séparé[2] ;
Que là, il soit mis au pain et à l'eau, ou que, comme en Suède, on ne lui serve que des aliments imprégnés d'eau-de-vie, puisqu'on a reconnu, dans ce pays, que toute émanation alcoolique finit par inspirer une invincible horreur à l'ivrogne le plus endurci, si bien qu'en peu de temps il est radicalement guéri ;

---

1. J. Matter. — *De l'influence des mœurs sur les lois et de l'influence des lois sur les mœurs.* Liv. IV, chap. IV.

2. Dans toutes les communes du département du Nord, le Préfet a fait prendre des arrêtés pour réprimer les faits d'ivresse scandaleuse. Voici un modèle de ces arrêtés :
» *Nous MAIRE de la commune d*
» Vu les lois des 16-24 août 1790 et du 18 juillet 1837 ;
» Vu l'article 50 de la loi du 5 mai 1855 ;
» Vu le décret du 29 décembre 1851 ;
» Vu les articles 471, 475 et 479 du code pénal ;
» Considérant que l'ivresse scandaleuse est à la fois une offense à la morale et une menace pour la sécurité publique ;
» Que les faits de cette nature constatés sur la voie publique, prouvent suffisamment que les débitants méconnaissent parfois leurs devoirs, en donnant à boire à des hommes ivres qui, privés de toute saine raison, dépensent dans cet état, sans avoir la conscience de ce qu'ils font, les ressources dont ils doivent nourrir leur famille ;
» Attendu que, pour éviter le fréquent retour des abus signalés ci-dessus, il convient de prendre des mesures nouvelles ;
ARRÊTONS :
» Art. 1er. — Tout individu qui sera trouvé sur la voie publique, dans les débits de boissons ou autres lieux publics en un état d'ivresse de nature à occasionner du désordre ou du scandale, ou présentant un danger pour lui-même et pour autrui, sera immédiatement arrêté et conduit dans un lieu de sûreté, pour y être retenu jusqu'à ce qu'il ait recouvré la raison.
» Art. 2. — De ce chef, le contrevenant pourra être traduit devant le tribunal de simple police, à moins qu'il ne soit établi que son ivresse était purement accidentelle ou involontaire.
» Art. 3. — Défense est faite aux cafetiers, cabaretiers ou autres débitants de boissons, de laisser boire jusqu'à l'ivresse les personnes qu'ils recevront dans leurs établissements. En conséquence, lorsqu'il sera constaté qu'un individu est sorti d'un débit en état d'ivresse, le débitant sera traduit devant le tribunal de simple police, sans préjudice des mesures administratives qui pourront être prises contre lui, en vertu du décret du 29 décembre 1851.
» Art. 4. — Le présent arrêté sera publié et affiché dans la forme ordinaire, et devra rester constamment affiché dans les salles communes des débits de boissons.
» Art. 5. — Le Commissaire de police et les agents de la force publique sont chargés de l'exécution des dispositions prescrites. »

Qu'on augmente progressivement la gravité des peines avec le nombre des cas de récidive ;

Qu'on s'abstienne surtout, dans les causes criminelles ou simplement correctionnelles, de prendre en considération l'état d'ivresse des accusés pour les faire jouir du bénéfice des circonstances atténuantes ;

Et l'on arrivera bien certainement à extirper, sinon complètement, au moins dans une certaine mesure, la turpide habitude dont il est ici question.

En dehors de l'action administrative et judiciaire, il est encore d'autres moyens à tenter pour arriver à la déraciner.

Ainsi, par exemple, les chefs d'industrie pourraient efficacement y contribuer :

En interdisant sévèrement l'introduction des liquides alcooliques dans leurs ateliers.

En changeant les jours de paie afin de prévenir la tentation de dévorer, en quelques heures consacrées au repos, ce qui doit servir à l'entretien de la famille pendant une semaine ; ou bien, en réglant le paiement des salaires de telle sorte que les fournisseurs, boulanger, boucher, épicier, ainsi que le loyer, fussent soldés à l'expiration de chaque quinzaine, avant que l'ouvrier ne pût disposer d'aucune somme pour le cabaret ;

En frappant d'une amende l'ouvrier vu en état d'ivresse, doublant l'amende à la première récidive et chassant ignominieusement de la fabrique, à la seconde récidive, l'incorrigible buveur.

Les maîtres pourraient encore employer, comme véhicule efficace pour porter leurs ouvriers à la sobriété, l'institution de certaines primes d'encouragement en faveur de ceux qui se signaleraient, soit par leur persévérante tempérance, soit par leur retour à la pratique de cette vertu.

Déjà, au mois d'octobre 1835, un maître-ouvrier en bâtiments a fait connaître, à Amiens, qu'il accorderait une récompense de vingt francs à celui de ses ouvriers qui, durant trois mois, aurait le plus assidûment travaillé et *n'aurait pas fait d'excès.*

La Société d'émulation d'Abbeville accorde, chaque année, une médaille de bronze et une somme d'argent à l'ouvrier ou à l'apprenti qui se fait remarquer par sa bonne conduite, son amour du travail, son économie et sa tempérance. Ces récompenses sont décernées par un jury d'ouvriers, chargé de désigner celui qui les a méritées.

La Société libre d'émulation de Rouen qui, chaque année, recherche dans les classes populaires les actes de vertu, de dévouement, de moralité ;

La Société impériale des Sciences de Lille qui accorde, de son côté, des livrets à la caisse d'épargne et des médailles aux ouvriers pour leurs longs services dans la même maison, ont grand soin de repousser de leurs concours les individus suspects d'ivrognerie.

Que de pareils exemples, que de pareilles institutions se multiplient dans nos villes manufacturières, et l'on finira par faire comprendre au peuple que la tempérance est vraiment une vertu.

Il y aurait encore un essai à tenter ou plutôt à reproduire, car il a eu, il y a une douzaine d'années, un commencement d'exécution, et quoique moins sûr, moins prompt peut-être que les moyens précédents, il ne serait pas, toutefois, sans amener quelques bons résultats, surtout pour l'avenir. Ce serait de répandre dans la classe ouvrière, sous une forme simple et attrayante, de petits livres, des sortes d'almanachs, traitant des abus, des désordres, des malheurs et des crimes qu'enfante l'usage immodéré des liqueurs fortes.

« On se plaint parfois de l'absence de moralité et de religion qui existe au sein des masses, des ravages qu'exercent les mauvaises doctrines et les mauvais livres ! Mais n'est-ce pas un peu de notre faute à tous ?...

» Pourquoi n'opposons-nous pas aux mauvais livres, qui se vendent à bon marché, de bons livres qui se vendraient à meilleur marché encore?

» Nous serions cent fois inexcusables, si nous ne le faisions pas, parce que chez nous la voix du devoir vient se joindre à la voix de l'intérêt.

» Il y a un pays qui, à cet égard, comme à bien d'autres, peut nous servir de modèle; c'est l'Angleterre. Je vous étonnerais si je vous disais le nombre des traités moraux et religieux de toute forme qu'on y distribue chaque année. On ne les compte pas par milliers, ni par centaines de milliers, mais par *millions*. On ne les vend pas, mais on les donne; on les sème sur les chemins, sur les bateaux à vapeur, dans les voitures, dans les lieux publics, etc.[1] »

Il y a, sans aucun doute, bien de ces petits livres qui n'arriveraient pas à leur adresse ou qui resteraient sans effets. Mais n'y eût-il chaque année qu'un individu sur mille qui en profitât, qu'on devrait encore s'empresser de les écrire et de les répandre.

Les Sociétés savantes et littéraires de Paris et de la province devraient stimuler par des récompenses exceptionnelles la verve de nos écrivains moralistes, de nos romanciers, de nos chansonniers même, et les pousser dans la voie où il serait si désirable de les voir entrer.

Dès 1849, la Société libre d'émulation de Rouen a donné l'exemple, en mettant au concours la rédaction d'un livre populaire sur *les dangers de l'abus des liqueurs fortes*. En 1851, elle avait le bonheur de décerner une médaille d'or aux *Causeries villageoises* dont l'auteur, M. le docteur Beauregard, avait atteint le but proposé : *amuser et instruire*.

---

[1]. Rapport fait par le pasteur Poulain, à la Société Hâvraise d'études diverses, sur un petit livre publié par le docteur Beauregard, de Graville, sous le titre de *Causeries villageoises sur les dangers moraux, physiques et sociaux, qui résultent de l'abus des liqueurs fortes*. — 1853. — Le Hâvre.

Il me semble qu'en entendant célébrer la tempérance dès la plus tendre jeunesse, en voyant les récompenses qu'on lui accorde, on se familiarisera de plus en plus avec son idée, et que l'homme de labeur, eût-il de fatals penchants, deviendra peu à peu prévoyant, désireux d'accroître un bien être qu'il commencera à entrevoir, à bien comprendre, et cèdera enfin à l'action des moyens continuellement employés pour le protéger, dans toutes les positions de la vie, contre un dangereux entraînement. De cette manière, se trouvera accompli le devoir d'impulsion tutélaire que le corps social tout entier doit exercer en faveur de ses membres, et plus particulièrement encore lorsqu'il s'agit de ceux que l'on a trop longtemps négligés.

Sous l'empire de ces idées, et pour apporter ma part d'efforts à ceux qui ont été déjà entrepris par tant d'hommes éminents, véritables amis du peuple, MM. de Gérando, de Villeneuve, Villermé, Buret, Dutrône, Matter, Labourt, de Balsac, Langlois d'Estaintot, Beauregard, Dumesnil, etc., j'ai publié en 1851 de *Courtes réflexions adressées aux ouvriers des villes et des campagnes sur l'abus de l'eau-de-vie* [1]

Ce petit écrit, qui a circulé dans toute la Normandie par milliers d'exemplaires, présentait aux humbles travailleurs, dans un langage à leur portée, le tableau concis, mais fidèle, de tous les inconvénients qui résultent pour leur bourse et leur santé de l'usage des liqueurs fortes. La vérité doit être dite aux peuples comme aux rois, aussi n'ai-je pas hésité à stigmatiser les mauvaises habitudes, les déplorables tendances de ceux qu'un défaut d'éducation laisse plus accessibles aux séductions des passions dont nous portons tous le germe malfaisant. Un peuple républicain de l'ancienne Grèce montrait à ses enfants le spectacle d'un esclave ivre, pour leur inspirer le dégoût de

---

1. Almanach pour l'année 1852, édité au profit des pauvres par la Société de St.-Vincent-de-Paul. — Rouen. — Fleury, 1852, p. 43.

l'ivrognerie. C'est en attaquant de front et sans ménagement le mal qu'on parvient à le guérir.

Ainsi ai-je fait! Et c'est parce que j'ai eu la preuve que mon petit écrit a produit quelque bien que je crois utile de le publier de nouveau, en Flandre, après y avoir apporté de notables améliorations.

Il m'a paru convenable de justifier, en quelque sorte, sa reproduction, par les considérations qui précèdent. Puissé-je obtenir l'approbation de la Société impériale des Sciences de Lille, qui a manifesté, de tout temps, une sympathie si vive et si éclairée en faveur des agents subalternes de l'industrie et de l'agriculture.

Je ne crois pouvoir mieux terminer ce mémoire qu'en insérant, comme une preuve de son opportunité et comme lui donnant une consécration dont je suis heureux et fier, la remarquable circulaire de M. Vallon, préfet du Nord, sur les habitudes d'ivrognerie malheureusement trop communes dans notre riche et beau département. Cette pièce, qui fait tant d'honneur à l'éminent administrateur qui l'a rédigée, peint, d'une manière saisissante l'état présent de nos populations, les difficultés que présente la question dont je me suis occupé, ainsi que les efforts et le bon vouloir de l'Autorité à résoudre un problème qui intéresse à un si haut degré l'existence même de nos Sociétés modernes.

Je voudrais que dans tous les départements l'exemple de M. Vallon fût imité, et que partout on mît la même persistance, la même chaleur de cœur, à lutter contre ces funestes tendances à la débauche qui déshonorent le siècle et le pays où nous vivons.

CABINET DU PRÉFET. — *A MM. les Sous-Préfets., Maires, Commandant de la gendarmerie, Commissaires de police du département, etc.*

Lille, le 17 avril 1864.

MESSIEURS, le Conseil de révision a été frappé bien péniblement, dans la tournée que nous accomplissons, du spectacle de jeunes gens, souvent très-nombreux dans le même canton, se présentant ivres devant lui, ayant ainsi déjà à vingt ans l'impudeur de la débauche poussée au point de ne pas apprécier cette inconvenance, et le souci de leurs intérêts assez dominé par la passion pour se mettre en position de ne pouvoir répondre à aucune des questions les concernant dans cet acte si considérable de leur vie.

Ce désordre de leur part en accuse un autre qui incombe à l'Administration, et sur lequel je veux appeler toute votre attention, Messieurs. Il prouve, en effet, qu'on laisse tomber absolument en désuétude le règlement général adopté par toutes les communes et qui défend aux cabaretiers *de donner à boire aux gens ivres*. Il est clair, en effet, que si cette règle s'appliquait partout, comme elle l'est avec soin, je me hâte de le dire, dans certaines localités, on ne pousserait pas ainsi les individus à la dépense de toutes leurs épargnes, à une consommation honteuse, à la ruine de leur santé, à un véritable abrutissement. Il est clair que si MM. les Maires faisaient observer cette règle avec sollicitude, si les agents de la surveillance publique n'y mettaient pas une tolérance coupable, si en nous signalant de pareils actes, on provoquait par cela même une fermeture qui de ma part ne ferait jamais défaut, nous arriverions ainsi à une répression qu'il importe absolument d'obtenir.

Il m'a été objecté que la sévérité de la peine entraînait quelquefois l'indulgence, et que si l'on pouvait n'appliquer qu'une suspension au lieu d'une fermeture, on se déciderait plus aisément à signaler des torts entourés parfois de circonstances atténuantes. Cette objection ne peut arrêter, car si la loi ne nous donne que le droit de fermer absolument, elle permet de rouvrir, et quand des cas pareils se présenteraient, MM. les Maires seraient écoutés. Mais je leur demande instamment d'agir dans le sens de l'Arrêté qui ne permet pas de donner à boire aux gens ivres, de faire verbaliser contre quiconque y contrevient, et de provoquer ensuite de l'Administration les mesures de répression voulues. Je le demande formellement à tous les agents de la surveillance publique, à la gendarmerie, aux commissaires de police, aux gardes-champêtres, et je déclare que j'aurai l'œil attentivement porté sur la manière dont le devoir de chacun doit s'accomplir à cet égard.

Il y a trop de cabarets, nous dit-on, et c'est l'Autorité qui en permet l'ouverture; oui, certes, il y en a trop, et nos observations et nos efforts tendent de toutes façons à les restreindre; mais qui nous aide dans cette voie, et les sollicitations contraires ne sont-elles pas incessantes? Mais l'arbitraire nous est-il permis, et pouvons-nous faire ce qui n'est ni dans le texte ni dans l'esprit de la loi ? Ce qui y est et ce que l'on est coupable de ne pas garantir, c'est une tenue sévère de ces lieux où l'épargne se dissipe avec la santé, c'est l'interdiction absolue aux cabaretiers de mettre et d'entretenir les gens en état d'ivresse. Que cela se fasse dans toutes les communes, on le peut et on le doit; que les heures de clôture du soir soient observées aussi, et que l'on n'accorde pas de ces irrégulières et nombreuses prolongations de tolérance qui enlèvent les nuits au repos pour les consacrer à la débauche, et le bien sera déjà immense. Messieurs, et l'Autorité, en accomplissant ainsi son devoir, arrivera bientôt à réformer les mœurs. Elle encourt donc, je ne crains pas de le dire, de graves reproches à voir ce qui se passe aujourd'hui.

Il est déplorable, en effet, que dans ce riche et laborieux pays, où l'esprit est si droit et si calme, où l'activité et le progrès de l'industrie et de l'agriculture distribuent tant de salaires, l'épargne soit si rare et entre si peu dans les prévisions de ceux dont elle ferait le bien. Il est remarquable et bien malheureux que les points du département où les industries manufacturières, minéralogiques, métallurgiques ou autres distribuent à la famille le plus de moyens d'aisance en occupant à la fois le père, la mère et les enfants, soient ceux où la prévoyance soit la moins grande, la dissipation la plus excessive, la vieillesse, après une vie de travail et de bons salaires, la plus exposée au dénûment.

Nous avons eu constamment les preuves qu'il se buvait au cabaret, en une matinée ou une soirée, de quoi entretenir pendant une semaine le bien-être et la santé dans le reste de la famille, où la mère et les enfants qui restent au logis éprouvent pendant ce temps là les privations de toutes sortes. Ces habitudes se corrigeront, n'en doutons pas, à mesure que les principes des Salles d'asile, de l'éducation telle qu'on la pratique aujourd'hui, formeront les hommes et les femmes, à mesure que par les Sociétés de secours mutuels, les dépôts aux Caisses de retraites, etc, on répondra mieux à l'incessante sollicitude du gouvernement de l'Empereur; mais en attendant, avisons, et remplissons le devoir que la loi et nos fonctions nous imposent.

Que l'on sache aussi autour de vous, et par votre influence et vos paroles, que l'Autorité ne peut pas tout faire, et que tous ceux qui ont, par leur position, une tâche morale et religieuse à exercer, que tous les chefs d'industrie, d'établissements agricoles et autres, si responsables, si intéressés dans la question, que tous les hommes de cœur veuillent bien nous aider! Le peuple, qui connaît notre sollicitude et notre affection dévouée pour lui, sait que nous voulons son bien en combattant de tels désordres, et je suis convaincu qu'avec le concours énergique et suivi que je vous demande, et la ferme attention que je mettrai à suivre ce que tous nous avons à faire, nous arriverons d'accord au but.

Agréez, Messieurs, l'assurance de ma considération très-distinguée.

Le Préfet du Nord,

VALLON.

Lille-Imp. L Danel.

www.ingramcontent.com/pod-product-compliance
Lightning Source LLC
LaVergne TN
LVHW021701080426
835510LV00011B/1523